110 hechos interesantes sobre navidad

Los mejores datos curiosos que deberías conocer sobre la navidad

GHIA ARYA

© Copyright 2024 – Todos los derechos reservados

El contenido de este libro no puede reproducirse, duplicarse ni transmitirse sin el permiso directo por escrito del autor. Bajo ninguna circunstancia se imputará al editor ninguna responsabilidad legal o culpa por cualquier reparación, daño o pérdida monetaria debido a la información contenida en este documento, ya sea directa o indirectamente.

Aviso Legal:

No puede enmendar, distribuir, vender, usar, citar o parafrasear ninguna parte del contenido de este libro sin el consentimiento del autor.

Aviso de exención de responsabilidad:

Tenga en cuenta que la información contenida en este documento es solo para fines educativos y de entretenimiento. No hay garantías de ningún tipo expresas ni implícitas. Los lectores reconocen que el autor no participa en la prestación de asesoramiento legal, financiero, médico o profesional.

Índice

Introducción	3
Historia de la Navidad	5
Santa Claus	10
Tradiciones Navideñas del Mundo	15
Renos de Santa	20
Canciones de Navidad	25
Decoraciones Navideñas	31
Comidas Navideñas	37
Juguetes y Regalos	50
El Polo Norte y Santa	55
Películas Navideñas Famosas	60

Introducción

¡Bienvenidos a un viaje mágico y lleno de sorpresas por el mundo de la Navidad!

La Navidad es una época especial, llena de luces, colores y momentos que compartimos con quienes más queremos. Pero, ¿alguna vez te has preguntado cómo surgieron todas estas tradiciones tan divertidas? ¿Por qué decoramos el árbol, por qué hay un gordito de traje rojo que reparte regalos o por qué las casas se llenan de canciones alegres? Este libro está aquí para responder todas esas preguntas y para enseñarte 110 datos increíbles, hechos curiosos y momentos históricos sobre la Navidad.

Cada página está llena de secretos y detalles fascinantes de esta fiesta que se celebra en todo el mundo.

A lo largo de este libro, te llevaré a lugares tan fríos como el Polo Norte para que conozcas la casa y el taller mágico de Santa Claus, donde él y sus elfos trabajan para preparar los juguetes que viajan en su trineo. Descubrirás también por qué Santa usa renos y cómo Rodolfo, con su nariz roja, se unió al equipo para ayudar a guiar el trineo en una Nochebuena especial. Conocerás el origen de los juguetes que tanto te gustan y cómo algunos, como el oso de peluche o las muñecas de trapo, fueron en su momento los regalos más deseados.

Además, te llevaré a países lejanos, desde México hasta Japón, para que conozcas las tradiciones más raras y emocionantes de la Navidad en diferentes culturas. Por ejemplo, ¿sabías que en Japón es típico comer pollo frito en Navidad? ¿O que en Noruega las familias esconden las escobas para ahuyentar a los espíritus? Cada país tiene sus propias formas de celebrar, y verás cómo algunas costumbres son realmente únicas.

También exploraremos el mundo de las películas y canciones navideñas que acompañan cada celebración. Descubrirás historias emocionantes detrás de clásicos como "Mi Pobre Angelito" y "El Expreso Polar", y te enterarás de que canciones como "Noche de Paz" fueron compuestas hace mucho tiempo para llevar un mensaje de paz y esperanza al mundo.

Este libro está lleno de datos y detalles que quizás no conocías, pero que hacen que la Navidad sea una época tan especial y llena de magia. ¡Cada página es una sorpresa que te permitirá ver la Navidad desde una nueva perspectiva! Así que abróchate el cinturón, porque estamos a punto de hacer un viaje alrededor del mundo y a través del tiempo, descubriendo todo lo que hace a la Navidad tan única. ¡Prepárate para aprender, divertirte y sentir el verdadero espíritu navideño en cada página!

Historia de la Navidad

1

¿Sabías que la Navidad no siempre se celebraba en diciembre?

Hace mucho tiempo, las primeras celebraciones navideñas no tenían una fecha exacta. Fue hasta el año 336 cuando la Navidad comenzó a celebrarse el 25 de diciembre en Roma. Esta fecha fue elegida porque coincidía con una antigua fiesta pagana llamada Saturnalia, donde la gente celebraba el fin del invierno y el regreso de los días más largos. Así, los cristianos comenzaron a celebrar el nacimiento de Jesús el mismo día.

2

Los antiguos romanos celebraban con grandes fiestas llamadas Saturnalia.

La fiesta de Saturnalia era una de las más importantes en Roma. La gente decoraba sus casas, compartía regalos y organizaba banquetes, muy parecido a lo que hacemos en Navidad. Aunque la Saturnalia honraba al dios Saturno, algunas de sus costumbres influyeron en cómo celebramos la Navidad hoy. Incluso, las personas dejaban de trabajar durante estos días y se dedicaban a pasar tiempo en familia y con amigos.

3

San Nicolás fue un personaje real antes de ser conocido como Santa Claus.

San Nicolás era un obispo que vivió en el siglo IV en la actual Turquía. Era conocido por ayudar a los pobres y dar regalos en secreto a quienes lo necesitaban. Con el tiempo, su leyenda creció, y personas de todo el mundo comenzaron a celebrar el Día de San Nicolás. Su figura inspiró al moderno Santa Claus, y su bondad se convirtió en un símbolo importante de la Navidad.

4

En la Edad Media, la Navidad era una fiesta muy ruidosa y alegre.

Durante la Edad Media, la Navidad se celebraba de manera muy animada, con banquetes, bailes y música por toda la ciudad. Era común ver grupos de cantantes llamados "villancicos" que iban de casa en casa. Esta época era como un festival en toda la comunidad, y la gente hacía lo posible para compartir la alegría de la Navidad con todos.

5

La Navidad casi desapareció en Inglaterra durante el siglo XVII.

En el siglo XVII, un grupo religioso en Inglaterra, conocido como los puritanos, consideraba que las celebraciones navideñas eran demasiado alocadas y paganas. Por ello, decidieron prohibir la Navidad durante algunos años. Sin embargo, a la gente le gustaba tanto la celebración que fue imposible que desapareciera, ¡y finalmente volvió con más fuerza!

6

La Reina Victoria y el príncipe Alberto popularizaron el árbol de Navidad.

La tradición de decorar un árbol de Navidad viene de Alemania, pero no fue hasta el siglo XIX, cuando la Reina Victoria y su esposo, el príncipe Alberto, decoraron un árbol, que se hizo popular en Inglaterra y, luego, en el resto del mundo. La imagen de la familia real junto a su árbol se difundió por todas partes y convirtió al árbol de Navidad en una tradición mundial.

7

Los regalos navideños comenzaron como una forma de compartir felicidad.

La idea de dar regalos en Navidad se originó en los festivales antiguos donde la gente compartía lo que tenía como símbolo de buenos deseos y gratitud. A medida que la Navidad evolucionó, este acto de generosidad se volvió una tradición, y hoy en día, dar y recibir regalos simboliza el espíritu navideño de amor y amistad.

8

El villancico "Noche de Paz" se escribió durante una Navidad muy fría.

"Noche de Paz" fue escrito en Austria en 1818 por un sacerdote llamado Joseph Mohr. Una Navidad, el órgano de la iglesia se rompió y no podían tocar música para la misa, así que Mohr escribió la canción y le pidió a un amigo que la tocara en guitarra. Desde entonces, "Noche de Paz" se ha convertido en uno de los villancicos más famosos y traducidos del mundo.

9

La primera tarjeta de Navidad fue creada hace casi 200 años.

La tarjeta de Navidad más antigua fue hecha en 1843 por un hombre llamado Sir Henry Cole en Inglaterra. La idea de enviar mensajes festivos para Navidad se volvió tan popular que pronto se convirtió en una tradición navideña. Ahora, millones de personas envían tarjetas de Navidad cada año para compartir buenos deseos con familiares y amigos.

10

Antes de Santa, el Niño Jesús era quien llevaba los regalos.

En algunos lugares de Europa, como en España y Alemania, no era Santa quien traía los regalos, sino el "Niño Jesús". En Alemania se le conoce como "Christkind". Esta tradición todavía se mantiene en algunas regiones, aunque ahora muchas familias también celebran a Santa Claus.

Santa Claus

11
Santa Claus no siempre fue un hombre de rojo y barba blanca.

La imagen de Santa Claus que conocemos hoy, con su traje rojo y barba blanca, fue popularizada en gran parte por una campaña publicitaria de una famosa marca de refrescos en los años 1930. Antes de esto, Santa a veces se vestía de verde, azul o marrón. Fue el ilustrador Haddon Sundblom quien, inspirado en poemas antiguos sobre Santa, creó esta versión colorida y alegre que rápidamente se convirtió en la favorita del público.

12

Santa Claus tiene muchos nombres en diferentes países.

A Santa Claus se le conoce con varios nombres alrededor del mundo. En Inglaterra es "Father Christmas", en Francia es "Père Noël", en Holanda "Sinterklaas" y en Alemania "Weihnachtsmann". Aunque cada país tiene sus propias tradiciones, todos coinciden en que Santa trae regalos a los niños buenos en Navidad.

13

La historia de los renos comenzó con un poema.

La idea de que Santa viaja en un trineo tirado por renos proviene de un poema titulado "A Visit from St. Nicholas", conocido también como "Twas the Night Before Christmas", escrito en 1823 por Clement Clarke Moore. En este poema se menciona a Santa volando en su trineo con ocho renos mágicos, cada uno con un nombre especial. Este poema ayudó a crear la imagen mágica de Santa y sus renos.

14

Rodolfo, el reno de la nariz roja, fue inventado en 1939.

Rodolfo, el reno más famoso de todos, no formaba parte de la historia original de Santa Claus. Fue creado en 1939 por un escritor llamado Robert L. May, quien escribió la historia de Rodolfo como parte de una campaña navideña para una tienda de Estados Unidos. La historia de este reno con nariz roja que guía el trineo de Santa en noches de niebla se hizo tan popular que se convirtió en un clásico navideño.

15

Santa Claus puede visitar todas las casas del mundo en una noche gracias a la magia.

Muchos niños se preguntan cómo puede Santa visitar todas las casas en una sola noche. Según la tradición, Santa utiliza polvo mágico para hacer que el tiempo pase más lento, permitiéndole entregar todos los regalos a tiempo. Algunos dicen que sus renos también son mágicos y lo ayudan a moverse rapidísimo por el cielo. ¡Así que todo es posible en el mundo de Santa!

16

Santa Claus tiene su propio código postal en Canadá.

Los niños de Canadá pueden enviar cartas a Santa usando el código postal especial "H0H 0H0". Los voluntarios que trabajan en correos responden a cada carta que llega a esta dirección, manteniendo viva la magia de la Navidad. ¡Es una manera de que los niños puedan escribirle directamente a Santa!

17

Santa Claus vive en el Polo Norte... ¡o en Finlandia!

Tradicionalmente, Santa vive en el Polo Norte, donde prepara los regalos junto a sus elfos. Sin embargo, en Finlandia existe un lugar llamado Rovaniemi que se considera "La Casa Oficial de Santa Claus". Cada año, miles de personas visitan Rovaniemi para ver a Santa, los renos y la oficina donde recibe cartas de todo el mundo.

18

La risa de "Ho, Ho, Ho" es una marca registrada de Santa.

La famosa risa de Santa, "Ho, Ho, Ho", se ha convertido en una característica esencial de su personalidad. Esta risa simboliza la alegría y el espíritu de la Navidad. Además, suena como una carcajada amistosa que refleja la bondad de Santa y su amor por los niños y la Navidad.

19

Los ayudantes de Santa son llamados "elfos".

Santa Claus no podría hacer todo el trabajo él solo, así que cuenta con la ayuda de los elfos, quienes fabrican los juguetes en el Polo Norte. En la tradición navideña, los elfos son pequeños seres mágicos que trabajan durante todo el año para preparar los regalos que Santa entregará. Se dice que también ayudan a mantener la lista de niños buenos y traviesos actualizada.

20

¿Sabías que Santa Claus tiene un "Libro de los Niños Buenos y Traviesos"?

Según la tradición, Santa Claus lleva un libro mágico donde anota los nombres de todos los niños del mundo. Este es conocido como "Libro de los Niños Buenos y Traviesos", se actualiza con ayuda de sus elfos, quienes observan cómo se comportan los niños durante el año. Santa revisa el libro en la víspera de Navidad para saber quiénes recibirán regalos y quiénes deben esforzarse un poco más para el próximo año. Este libro mágico ha sido parte de la leyenda de Santa por mucho tiempo y motiva a los niños a ser amables, honestos y considerados con los demás.

Tradiciones Navideñas del Mundo

21

En Japón, ¡comer pollo frito en Navidad es una gran tradición!

En Japón, la Navidad no es una celebración tradicional, pero desde los años 1970, una campaña de una famosa cadena de pollo frito la convirtió en una costumbre. Ahora, muchas familias japonesas celebran el 25 de diciembre comprando cubos de pollo frito para compartir en casa. Es tan popular que algunas personas incluso reservan su pedido con semanas de anticipación. ¡Una Navidad deliciosa y única!

22

En Ucrania, los árboles de Navidad se decoran con telarañas.

En Ucrania, es común decorar el árbol de Navidad con telarañas y arañas falsas. Esta tradición viene de una antigua leyenda sobre una araña que decoró un árbol para una familia pobre. Según el cuento, cuando la familia despertó, encontraron el árbol cubierto con hilos de oro y plata. Ahora, colocar telarañas en el árbol es un símbolo de buena suerte.

23

En Venezuela, la gente va a misa… ¡patinando!

En Caracas, la capital de Venezuela, hay una costumbre muy divertida: el 24 de diciembre, la gente va a la "Misa de Aguinaldo" en patines. Las calles de la ciudad se cierran para que las personas puedan patinar con seguridad. Este paseo sobre ruedas se ha convertido en una tradición navideña especial y llena de alegría para los venezolanos.

24

En Islandia, los niños reciben visitas de 13 "jólasveinar" o duendes de Navidad.

En Islandia, los "jólasveinar" son unos duendecillos que comienzan a visitar a los niños desde el 12 de diciembre hasta Navidad. Cada noche, uno de estos duendes deja regalos en los zapatos de los niños que se han portado bien. Si han sido traviesos, podrían encontrar una papa. Cada "jólasveinar" tiene una personalidad única y un nombre curioso, ¡como "Lame ollas" o "Olisqueador de puertas"!

25

En Noruega, esconden las escobas la noche de Navidad.

En Noruega, existe una tradición de esconder las escobas la noche de Navidad. La costumbre se originó en la antigüedad, cuando la gente creía que las brujas y los espíritus malignos aparecían durante la Nochebuena y robaban las escobas para volar. Hoy en día, muchas familias noruegas aún esconden las escobas para mantener viva esta superstición divertida.

26

En México se celebra la "Noche de los Rábanos"

En Oaxaca, México, el 23 de diciembre se celebra la "Noche de los Rábanos", donde los artistas tallan rábanos en figuras detalladas y escenas navideñas. Esta fiesta incluye concursos de esculturas y es muy esperada por la comunidad. La tradición surgió en el siglo XIX cuando los agricultores comenzaron a hacer figuras de rábanos para atraer a los compradores en el mercado navideño.

27

En Filipinas, hacen un Festival de Faroles Gigantes.

En Filipinas, cada año se celebra el "Festival de Faroles Gigantes" en la ciudad de San Fernando. Este evento ocurre el sábado antes de Navidad y atrae a miles de personas que vienen a ver los coloridos y enormes faroles iluminados que simbolizan la estrella de Belén. Los faroles pueden tener hasta 20 pies de altura y son una maravillosa muestra de creatividad navideña.

28

En Finlandia, la gente va al cementerio en Nochebuena.

En Finlandia, es común que las familias visiten los cementerios en la noche de Navidad para recordar a sus seres queridos que han fallecido. Decorar las tumbas con velas es una manera de mantenerlos presentes durante la celebración navideña. Esta tradición llena los cementerios de luz y crea un ambiente pacífico y hermoso, uniendo a las familias en un momento de reflexión.

29

En Italia, "La Befana" visita a los niños el 6 de enero.

En Italia, la Navidad no termina el 25 de diciembre, ya que el 6 de enero se celebra la llegada de "La Befana", una simpática bruja que vuela en su escoba y deja dulces y regalos en los calcetines de los niños buenos. Según la leyenda, La Befana buscaba al Niño Jesús, pero nunca lo encontró, así que ahora visita a los niños cada año para darles regalos.

30

En Australia, Papá Noel llega en surf o en trineo tirado por canguros.

En Australia, donde la Navidad ocurre en pleno verano, es común ver a Papá Noel en la playa usando sandalias y con una tabla de surf en lugar de su tradicional trineo. A veces, también se muestra a Papá Noel con un trineo tirado por canguros en lugar de renos. Esta versión navideña "australiana" celebra el espíritu de la Navidad adaptado a su clima caluroso.

Renos de Santa

31

¿Sabías que los renos de Santa comen "caramelos mágicos" para poder volar?

La leyenda cuenta que los renos de Santa necesitan comer "caramelos mágicos" antes de Navidad para poder volar toda la noche. Estos caramelos están hechos con ingredientes especiales del Polo Norte y les dan la energía necesaria para recorrer el mundo en una sola noche sin cansarse. Según la historia, los elfos preparan estos caramelos en el taller de Santa y los guardan en un lugar secreto, solo para los renos. ¡Así que si ves un reno comiendo un caramelo en Nochebuena, ya sabes que está cargando energía para la gran aventura!

32

Cada reno de Santa tiene un nombre especial.

Los nombres originales de los renos son: Dasher, Dancer, Prancer, Vixen, Comet, Cupid, Donner y Blitzen. Estos nombres fueron creados en el poema de 1823, y cada uno representa una cualidad única. Por ejemplo, Dasher es rápido como un rayo, Dancer es elegante, y Blitzen (que significa relámpago en alemán) simboliza su velocidad.

33

Donner y Blitzen tienen nombres inspirados en el idioma alemán.

Donner y Blitzen son nombres que provienen del alemán y significan "trueno" y "relámpago" respectivamente. Estos nombres fueron elegidos para darles a los renos un toque mágico, ya que sugieren la velocidad y fuerza con la que viajan por el cielo junto a Santa.

34

Rodolfo, el reno de la nariz roja, se unió al equipo después.

Rodolfo no formaba parte del equipo original de renos. Su historia fue inventada en 1939 por Robert L. May, quien escribió sobre un reno con una nariz roja que brilla en la oscuridad. Cuando Santa necesitaba ayuda en una noche neblinosa, Rodolfo fue el elegido para guiar el trineo. Su historia fue tan popular que Rodolfo se convirtió en el reno más famoso de todos.

35

Los renos de Santa pueden volar gracias a la magia del "polvo navideño".

Según la leyenda, los renos de Santa pueden volar gracias a un polvo mágico que se usa solo en Navidad. Este polvo, llamado "polvo navideño" o "polvo de estrellas", les da la habilidad de elevarse y volar por el cielo, permitiéndoles viajar enormes distancias en una sola noche para que Santa entregue todos los regalos a tiempo.

36

En realidad, solo las hembras de reno conservan sus astas en invierno.

Curiosamente, en el mundo real, los renos machos suelen perder sus astas en invierno, mientras que las hembras las conservan hasta la primavera. Esto ha llevado a algunas personas a pensar que los renos de Santa podrían ser hembras, ya que en todas las ilustraciones aparecen con sus astas en Nochebuena. ¡Tal vez Santa ha estado trabajando con un equipo de chicas fuertes!

37

Los renos tienen una nariz adaptada para soportar el frío intenso.

Los renos están perfectamente adaptados para vivir en el frío extremo. Tienen una nariz especial que calienta el aire que respiran antes de que llegue a sus pulmones, lo cual es ideal para las temperaturas heladas del Polo Norte. Quizás esta adaptación inspiró la famosa nariz de Rodolfo, que brilla y ayuda a guiar el trineo en medio de las tormentas de nieve.

38

Los renos son excelentes nadadores.

Aunque en la Navidad volamos con ellos, los renos son también buenos nadadores en la vida real. Tienen patas fuertes y están acostumbrados a cruzar ríos y lagos en su ambiente natural. Esta habilidad les ayudaría a Santa y a su equipo a superar cualquier obstáculo en el viaje navideño, ¡aunque sea en tierra o en agua!

39

Los renos de Santa tienen personalidades diferentes, según las historias.

A lo largo de los años, se han creado diferentes historias sobre las personalidades de los renos. Dasher es conocido por ser el más rápido; Dancer es el reno más alegre y talentoso; Prancer es amable y siempre dispuesto a ayudar; y Comet es el más fuerte del grupo. Cada reno aporta una cualidad especial que hace que el equipo sea perfecto para acompañar a Santa.

40

Los renos de Santa viven en el Polo Norte y están entrenados por elfos.

En el Polo Norte, los elfos de Santa se encargan de entrenar a los renos para asegurarse de que estén en su mejor forma para la gran noche. Los elfos los alimentan con zanahorias, avena mágica y dulces especiales que solo existen en el Polo Norte. ¡Este entrenamiento especial es lo que los mantiene fuertes y listos para volar en Nochebuena!

Canciones de Navidad

41

"Jingle Bells" fue pensada originalmente para el Día de Acción de Gracias.

Aunque hoy en día es una de las canciones navideñas más famosas, "Jingle Bells" no fue escrita para Navidad. Su autor, James Lord Pierpont, la escribió en 1857 para una celebración de Acción de Gracias. La canción gustó tanto que se convirtió en parte de las festividades navideñas debido a su ritmo alegre y su letra que habla de trineos y campanas de invierno.

42

"We Wish You a Merry Christmas" fue una canción de agradecimiento.

"We Wish You a Merry Christmas" (Te deseamos una Feliz Navidad) tiene sus orígenes en Inglaterra en el siglo XVI. En esa época, los villancicos se cantaban a menudo como muestra de agradecimiento. Los cantantes iban de casa en casa, deseando a las familias una feliz Navidad y un próspero año nuevo. A cambio, recibían pequeños regalos o alimentos como agradecimiento por llevar alegría a los hogares.

43

"El Tamborilero" cuenta la historia de un niño pobre.

"El Tamborilero" ("The Little Drummer Boy") es una canción que cuenta la historia de un niño que no tiene un regalo costoso para ofrecer al Niño Jesús. En cambio, decide tocar su tambor como muestra de amor y gratitud. Esta canción nos enseña que lo más importante no es el valor del regalo, sino el cariño con el que se da. Fue escrita en 1941 y se ha convertido en un clásico navideño con un mensaje de humildad y generosidad.

44

"Rodolfo, el Reno de la Nariz Roja" fue creada para una tienda.

La historia de Rodolfo, el reno de la nariz roja, se originó en 1939 cuando un escritor llamado Robert L. May la inventó para una campaña de una tienda en Estados Unidos. La historia de Rodolfo fue tan popular que pronto se convirtió en una canción navideña, y su mensaje de aceptación y amistad sigue encantando a niños y adultos cada año.

45

"Campana sobre campana" es uno de los villancicos más tradicionales de España.

Este villancico español es especialmente popular en Andalucía y tiene un ritmo alegre y pegajoso que cuenta la llegada de la Navidad. La letra habla de las campanas sonando en Belén para anunciar el nacimiento de Jesús y de los regalos que los pastores llevan al niño. Es una canción tradicional que resalta la alegría de la Navidad y la unión entre las personas.

46

"Deck the Halls" tiene raíces en una melodía galesa antigua.

La canción "Deck the Halls" es una adaptación de una antigua melodía galesa llamada "Nos Galan", que era cantada para celebrar el Año Nuevo. En 1862, se le cambió la letra para que se adaptara a la Navidad y se convirtió en una de las canciones más alegres de la temporada. Su estribillo de "Fa-la-la-la-la" es famoso en todo el mundo y evoca la alegría de decorar la casa y celebrar las fiestas.

47

"Blanca Navidad" tiene su origen en Estados Unidos.

"Blanca Navidad" o "White Christmas" fue escrita en 1942 por Irving Berlin, un compositor estadounidense. La canción se volvió famosa cuando Bing Crosby la interpretó en una película. Aunque fue escrita en Estados Unidos, su mensaje sobre la magia de una Navidad blanca, cubierta de nieve, la hizo popular en muchos países. Hoy en día, sigue siendo una de las canciones navideñas más vendidas y queridas.

48

"Adeste Fideles" fue escrita en latín y tiene más de 300 años.

"Adeste Fideles", también conocida como "Venid, Fieles Todos" o "Oh Come, All Ye Faithful", es una canción navideña que se escribió en latín hace más de tres siglos. Su letra invita a todos a acercarse al pesebre y adorar al Niño Jesús. Esta canción es un himno que muchas iglesias alrededor del mundo cantan durante las celebraciones de Navidad, simbolizando la devoción y la alegría por el nacimiento de Jesús.

49

"Feliz Navidad" es una canción navideña famosa en español creada por un músico puertorriqueño.

"Feliz Navidad" fue escrita en 1970 por el músico puertorriqueño José Feliciano. Con una letra sencilla que repite "Feliz Navidad" y "I wanna wish you a Merry Christmas", se convirtió en un éxito mundial. La canción mezcla inglés y español, lo que la hace especial y fácil de recordar. Hoy en día, es una de las canciones más queridas y representa la alegría de la Navidad en países de habla hispana y en todo el mundo.

50

¿Sabías que "Do You Hear What I Hear?" fue escrita como un mensaje de paz?

La canción navideña "Do You Hear What I Hear?" fue compuesta en 1962 por Noel Regney y Gloria Shayne durante un momento muy tenso de la historia: la Crisis de los Misiles en Cuba, cuando Estados Unidos y la Unión Soviética estuvieron al borde de un conflicto nuclear. Regney escribió la letra con un mensaje de esperanza y paz, reflejando el deseo de que el mundo se uniera para superar tiempos difíciles. Aunque hoy se considera un villancico navideño, su origen tiene un profundo mensaje de paz para todas las épocas.

Decoraciones Navideñas
51

El primer árbol de Navidad decorado con luces fue idea de Thomas Edison.

Antes de las luces eléctricas, la gente decoraba sus árboles con velas, lo cual era bastante peligroso. En 1880, el inventor Thomas Edison decidió poner un conjunto de luces eléctricas en su laboratorio para celebrar la Navidad. Más tarde, su socio Edward Johnson colocó luces en un árbol de Navidad en Nueva York, convirtiéndose en el primero en hacerlo. Desde entonces, el árbol de Navidad iluminado se convirtió en una tradición, y las luces eléctricas reemplazaron las velas para mayor seguridad.

52

Los primeros adornos navideños eran frutas y dulces.

La tradición de decorar árboles de Navidad comenzó en Alemania, donde se usaban frutas, especialmente manzanas y dulces como adornos. Las manzanas simbolizaban la abundancia y la buena fortuna. A medida que la tradición se extendió a otros países, las frutas y dulces fueron reemplazados por adornos de vidrio y otros materiales, manteniendo la idea de simbolizar buenos deseos y prosperidad.

53

Las esferas navideñas tienen su origen en los cristales de Bohemia.

En el siglo XVI, los sopladores de vidrio en Bohemia (actualmente parte de la República Checa) comenzaron a crear esferas de cristal para decorar los árboles de Navidad. La idea surgió cuando una gran helada afectó la cosecha de manzanas, y los artesanos decidieron reemplazarlas con esferas de vidrio. Estas bolas de cristal se hicieron populares en toda Europa y, eventualmente, se convirtieron en los adornos navideños clásicos que conocemos hoy.

54

Las coronas navideñas simbolizan eternidad y esperanza.

Las coronas navideñas, hechas comúnmente de ramas de pino o abeto, simbolizan la eternidad debido a su forma circular sin principio ni fin. Además, el color verde representa la esperanza y la vida, especialmente en invierno, cuando muchos otros árboles pierden sus hojas. Colocar una corona en la puerta de entrada es un símbolo de bienvenida y buenos deseos para todos los visitantes.

55

El muérdago era considerado una planta mágica por los antiguos celtas.

El muérdago, una planta que crece en los árboles, ha sido un símbolo de amor y paz desde la antigüedad. Los celtas creían que tenía propiedades mágicas y lo usaban en rituales para protegerse del mal. Con el tiempo, se convirtió en un adorno navideño, y surgió la tradición de que quienes se encuentran debajo de él deben besarse. Este gesto simboliza paz y buenos deseos para el año nuevo.

56

Los bastones de caramelo tienen un simbolismo religioso.

Los bastones de caramelo, o "candy canes", surgieron en Alemania alrededor del siglo XVII. Se cuenta que un coro de la iglesia necesitaba algo para mantener a los niños tranquilos durante la misa, por lo que un sacerdote creó estos dulces en forma de bastón para representar el báculo de un pastor. Además, el color blanco simbolizaba la pureza, y la línea roja que se añadió después representa el sacrificio y el amor.

57

La estrella en la cima del árbol de Navidad representa la Estrella de Belén.

La estrella que muchas personas colocan en la punta del árbol de Navidad simboliza la Estrella de Belén, que, según la tradición cristiana, guió a los Reyes Magos hasta el lugar del nacimiento de Jesús. Esta estrella es un símbolo de esperanza y guía, y cada vez que se coloca en el árbol, se recuerda la historia de la Navidad y la llegada de tiempos de paz.

58

Las piñas son uno de los adornos naturales más antiguos.

Las piñas, o conos de pino, son símbolos de abundancia y fertilidad, y desde hace mucho tiempo se usan como adornos navideños. En tiempos antiguos, eran recolectadas y colgadas en el hogar como amuletos de buena suerte. Hoy en día, se decoran y se usan en las coronas, centros de mesa y en el propio árbol de Navidad para dar un toque rústico y natural a la decoración.

59

Las guirnaldas se usaban en la antigua Roma como ofrendas de buena suerte.

En la época romana, las guirnaldas hechas de hojas y ramas verdes eran símbolos de buena suerte y éxito. Las personas colgaban guirnaldas en sus puertas o alrededor de sus hogares para recibir buenos augurios. Esta tradición fue adoptada por las celebraciones navideñas, y hoy en día se utilizan para decorar chimeneas, escaleras y ventanas, simbolizando prosperidad y buenos deseos para el año entrante.

60

Las campanas navideñas se usan para "ahuyentar los malos espíritus".

Las campanas han sido usadas durante siglos para ahuyentar la mala suerte y los malos espíritus, especialmente durante el solsticio de invierno. En Navidad, el sonido de las campanas simboliza alegría y anuncia la llegada de las festividades. Muchas personas decoran sus casas y árboles con campanas pequeñas que repican con el viento, llenando el hogar de sonidos festivos y alegría navideña.

Comidas Navideñas

61

En Italia, el "panettone" es el postre navideño más famoso.

El panettone es un dulce típico de Navidad originario de Milán, Italia. Esta masa esponjosa, rellena de frutas secas y pasas, se hornea en forma de cúpula y puede durar varias semanas, lo que la convierte en el regalo perfecto para las fiestas. Se cuenta que un joven panadero creó esta receta especial para impresionar al padre de la chica que amaba, y desde entonces se volvió un símbolo de la Navidad en toda Italia y el mundo.

62

En México, los tamales son el plato tradicional navideño.

Los tamales, hechos de masa de maíz rellena de carne, salsas y otros ingredientes, son una tradición muy importante en las celebraciones navideñas mexicanas. Preparar tamales es una actividad en familia, donde todos participan en el proceso. Esta costumbre de compartir tamales durante las fiestas tiene raíces prehispánicas, ya que el maíz es un símbolo sagrado en la cultura mexicana.

63

El "pavo" navideño se hizo famoso en Inglaterra gracias a Enrique VIII.

Aunque hoy en día el pavo es el plato principal en muchas cenas navideñas, esta costumbre comenzó en Inglaterra durante el reinado de Enrique VIII. Antes, la gente solía comer ganso o jabalí, pero cuando el pavo llegó de América, se convirtió en una alternativa más económica y deliciosa. Su popularidad creció rápidamente, y hoy en día es un clásico en las mesas de Navidad.

64

El "roscón de reyes" en España tiene una sorpresa escondida.

El roscón de reyes, o "rosca de reyes", es un pan dulce decorado con frutas confitadas que se come el 6 de enero, día de los Reyes Magos. En su interior suele esconderse una pequeña figura de un rey y, en algunas ocasiones, un haba seca. La tradición dice que quien encuentra la figura será el "rey" de la celebración, mientras que quien encuentra el haba debe comprar el roscón el próximo año. Esta costumbre tiene origen en una antigua tradición francesa y se ha extendido a muchos países de habla hispana.

65

En Alemania, los niños esperan galletas de jengibre en Navidad.

Las galletas de jengibre, conocidas como "Lebkuchen" en alemán, son una delicia típica de la Navidad en Alemania. Esta tradición data de la Edad Media, cuando los monjes horneaban estas galletas especiadas para las festividades. Con el tiempo, se convirtieron en galletas decorativas, y muchos las cuelgan en el árbol de Navidad. Además, los mercados navideños en Alemania están llenos de estas galletas, decoradas y listas para regalar.

66

El "pudding" de Navidad en Inglaterra tiene una tradición de deseos.

El "Christmas pudding" es un postre británico muy tradicional que se prepara con frutas secas y especias. La tradición dicta que cada miembro de la familia debe revolver la mezcla mientras pide un deseo. Además, se suele esconder una moneda en el pudding, y quien la encuentra tendrá buena suerte el año siguiente. Este postre es flameado antes de servirse, ¡lo que lo convierte en una espectacular sorpresa en la cena navideña!

67

En Francia, el "Bûche de Noël" es un pastel en forma de tronco.

El "Bûche de Noël" o "Tronco de Navidad" es un pastel típico de Francia que se sirve en Navidad. Esta tradición comenzó en el siglo XIX, cuando las familias francesas decoraban el pastel para que se pareciera a un tronco de árbol, recordando la antigua costumbre de quemar un tronco de Navidad en la chimenea para traer buena suerte. Hoy en día, el Bûche de Noël se elabora con bizcocho y se decora con crema de chocolate, convirtiéndose en un postre delicioso y simbólico.

68

En Suecia, el "Julbord" es un gran banquete navideño.

El "Julbord" es el banquete navideño típico de Suecia y otros países nórdicos. Esta gran comida se compone de diferentes platillos como arenques en escabeche, salmón, albóndigas, jamón y quesos. La cena es una celebración que une a la familia y a los amigos en torno a una mesa llena de sabores, y es un momento muy especial de la Navidad en Suecia. Esta tradición muestra la importancia de compartir y disfrutar juntos en estas fechas.

69

En Filipinas, se prepara el "Bibingka" para celebrar la Misa de Gallo.

El "Bibingka" es un pastel de arroz típico de las Filipinas que se prepara para la Misa de Gallo, una tradición navideña donde se celebra la misa antes del amanecer. Este pastel esponjoso se cocina sobre hojas de plátano y se suele cubrir con queso y coco rallado. La gente disfruta de este delicioso postre como parte de la celebración navideña, y cada familia tiene su propia versión de la receta. Es una manera dulce de comenzar la mañana de Navidad en las Filipinas.

70

¿Sabías que en Polonia se sirven 12 platos diferentes en la cena de Nochebuena?

En Polonia, la cena de Nochebuena es un momento muy especial y se llama "Wigilia". La tradición es servir 12 platos diferentes en honor a los 12 apóstoles y como símbolo de abundancia y buena fortuna para el próximo año. Los platos suelen incluir sopa de remolacha, pescado, pierogi (empanadillas rellenas), y otros alimentos típicos polacos, pero nunca carne roja, ya que se considera una cena de ayuno. Además, se coloca un lugar adicional en la mesa para un visitante inesperado o un ser querido que ya no está, recordando la importancia de la hospitalidad y la familia durante la Navidad.

71

En Finlandia, el plato principal de Navidad es una cazuela de zanahoria.

En Finlandia, además del tradicional jamón navideño, un plato muy típico es la cazuela de zanahoria, llamada "porkkanalaatikko". Este puré de zanahorias se hornea con arroz, leche y especias, y es un clásico de las cenas de Nochebuena. Se considera una comida reconfortante y deliciosa que acompaña perfectamente al jamón, ¡y es imprescindible en la mesa navideña finlandesa!

72

En Portugal, se come bacalao en Navidad.

En Portugal, el bacalao es un ingrediente básico en las fiestas navideñas. El plato típico de Nochebuena se llama "bacalhau da consoada" y se prepara con bacalao, papas y repollo cocido, todo aderezado con aceite de oliva. Esta receta de bacalao se ha mantenido en la tradición portuguesa durante siglos y refleja el gusto de los portugueses por este pescado en todas sus celebraciones importantes.

73

En Austria, es tradicional comer ganso en Navidad.

En Austria, una de las comidas navideñas más tradicionales es el ganso asado. Se suele servir con guarniciones como albóndigas de papa, col roja y salsa de manzana. Esta tradición se remonta a la Edad Media y simboliza abundancia y prosperidad. Hoy en día, aunque hay muchas opciones modernas, el ganso sigue siendo un clásico en las cenas navideñas austriacas.

74

En Filipinas, la "lechón" es el rey de la mesa navideña.

En Filipinas, el plato principal en Navidad es el "lechón", un cerdo entero asado a fuego lento hasta que la piel queda crujiente. Esta tradición proviene de influencias españolas y se ha convertido en el plato estrella de las celebraciones filipinas. La preparación del lechón es todo un evento, y su llegada a la mesa es el momento más esperado de la noche.

75

En Rusia, la "ensalada Olivier" es el plato más popular de las fiestas.

La ensalada Olivier, conocida también como ensalada rusa, es un plato tradicional de las celebraciones navideñas en Rusia. Se prepara con papas, zanahorias, guisantes, encurtidos, huevos y mayonesa, y a veces lleva carne o jamón. Aunque hoy en día se puede encontrar en muchas partes del mundo, en Rusia es especialmente importante en Navidad y Año Nuevo, ¡y es un clásico de las festividades!

76

En Grecia, el "Christopsomo" o "pan de Cristo" es un pan especial para Navidad.

En Grecia, el "Christopsomo" es un pan dulce que se prepara especialmente para Navidad. Está decorado con una cruz en la parte superior y suele llevar nueces y especias. Las familias griegas lo hornean con mucho cuidado, ya que representa buena suerte y prosperidad para el próximo año. Compartir el Christopsomo en la mesa navideña simboliza unidad y bendiciones para todos.

77

En Dinamarca, el postre tradicional es el "Risalamande", con una sorpresa escondida.

En Dinamarca, el "Risalamande" es un postre de arroz con leche, nata y almendras, servido con salsa de cereza. Una tradición especial es esconder una almendra entera en el postre; quien la encuentre recibe un pequeño premio. Esta costumbre añade emoción a la cena de Navidad y es muy esperada por los niños y adultos, quienes buscan la almendra mientras disfrutan del delicioso postre.

78

En Colombia, el plato típico navideño es el "ajiaco" santafereño.

En Colombia, la cena navideña suele incluir "ajiaco", una sopa espesa y sabrosa hecha con pollo, papas, maíz, y guascas (una hierba aromática). Este plato es típico de la región de Bogotá y es ideal para disfrutar en la noche de Navidad por su calidez y sabor. Además, se acompaña con aguacate, crema y alcaparras, creando una combinación única y tradicional para la celebración.

79

En Islandia, se prepara una especialidad navideña llamada "Hangikjöt".

El "Hangikjöt" es un plato típico de Navidad en Islandia, que consiste en cordero o carne de cordero ahumada. Se sirve en rodajas con papas hervidas y una salsa blanca especial. La palabra "Hangikjöt" significa literalmente "carne colgada", ya que tradicionalmente se colgaba para ahumarla y conservarla. Es un plato que recuerda las tradiciones islandesas antiguas y es muy esperado en la cena navideña.

80

En Brasil, el postre navideño favorito es el "rabanada".

En Brasil, el postre típico de Navidad es la "rabanada", que es muy similar a las torrijas. Consiste en pan empapado en leche y huevo, que luego se fríe y se cubre con azúcar y canela. La rabanada se sirve como un postre especial en las cenas navideñas y es un favorito por su sabor dulce y textura crujiente. Además, es una tradición que se transmite de generación en generación.

Juguetes y Regalos

81

La tradición de dar regalos en Navidad comenzó con los Reyes Magos.

La costumbre de intercambiar regalos en Navidad tiene sus raíces en la historia de los Reyes Magos, quienes llevaron presentes de oro, incienso y mirra al Niño Jesús. Estos regalos fueron símbolo de respeto y honor. A lo largo de los años, esta tradición se transformó y se expandió, convirtiéndose en una forma de expresar amor y gratitud en Navidad, especialmente entre amigos y familiares.

82

En la Antigua Roma, se daban regalos durante las festividades de Saturnalia.

Antes de que existiera la Navidad, los romanos celebraban la Saturnalia, una festividad en honor al dios Saturno. Durante esta fiesta, las personas se regalaban pequeñas figuras de barro, dulces y velas para desearse buena suerte. Con el tiempo, esta costumbre se fusionó con la Navidad, y el acto de dar regalos pasó a formar parte de las celebraciones navideñas.

83

El primer "juguete moderno" fue el oso de peluche.

Aunque los niños siempre han jugado con muñecos y figuras, el primer juguete que se considera "moderno" es el oso de peluche, inventado en 1902. Este juguete se popularizó rápidamente gracias al presidente estadounidense Theodore Roosevelt, conocido como "Teddy", quien inspiró su creación. Desde entonces, los osos de peluche y otros peluches se convirtieron en regalos navideños clásicos para los niños.

84

Las muñecas de trapo fueron los primeros juguetes populares.

Antes de los juguetes modernos, las muñecas de trapo eran muy comunes y hechas en casa con tela y retazos. Estos juguetes simples se regalaban en Navidad o en ocasiones especiales y se convertían en los mejores amigos de los niños. A medida que avanzó la industria, las muñecas evolucionaron y hoy existen miles de versiones, pero las muñecas de trapo conservan su encanto tradicional.

85

Los trenes de juguete fueron un regalo navideño muy popular en el siglo XX.

A principios del siglo XX, los trenes de juguete se convirtieron en uno de los regalos de Navidad más deseados. Muchas familias compraban trenes eléctricos para colocarlos alrededor del árbol, y este juguete se convirtió en un símbolo de la época navideña. Incluso hoy en día, algunas personas mantienen la tradición de colocar trenes alrededor de sus árboles como parte de la decoración.

86

El fenómeno de las cartas a Santa Claus comenzó en el siglo XIX.

La tradición de escribir cartas a Santa Claus comenzó en el siglo XIX en Estados Unidos y Europa. Los niños escribían cartas detalladas sobre los juguetes que deseaban recibir y las enviaban al Polo Norte. Esta costumbre hizo que los regalos navideños fueran aún más especiales, y ayudó a los padres a saber qué juguetes eran los favoritos de sus hijos cada año. Hoy en día, escribir a Santa sigue siendo una tradición mágica para millones de niños.

87

La muñeca Barbie revolucionó el mundo de los juguetes en 1959.

En 1959, la muñeca Barbie fue lanzada al mercado y se convirtió rápidamente en uno de los juguetes más populares de la historia. La Barbie fue diferente a todas las muñecas anteriores porque tenía una personalidad independiente y una variedad de profesiones. Desde entonces, ha sido un regalo navideño codiciado y sigue siendo un clásico en las listas de deseos de muchos niños alrededor del mundo.

88

Los juguetes Lego fueron inspirados en bloques de madera.

Los primeros bloques de construcción Lego, que se fabricaron en 1949, fueron una versión mejorada de los tradicionales bloques de madera. Estos bloques de plástico encajables ofrecían infinitas posibilidades para construir, y con el tiempo se convirtieron en uno de los juguetes más queridos y solicitados en Navidad. La simplicidad y versatilidad de los Lego han hecho de ellos un regalo ideal para despertar la creatividad de los niños y adultos.

89

Los videojuegos se convirtieron en los "nuevos juguetes" en Navidad a partir de los años 80.

A partir de los años 1980, los videojuegos comenzaron a reemplazar a algunos de los juguetes clásicos en las listas de deseos navideñas. Consolas como la Nintendo y el Atari fueron los primeros regalos de videojuegos que los niños pedían en Navidad, y su popularidad cambió la forma de jugar. Hoy en día, los videojuegos son una de las categorías de regalos más populares, especialmente entre los niños y adolescentes.

90

El papel de regalo se popularizó en Navidad a comienzos del siglo XX.

Aunque dar regalos en Navidad es una costumbre antigua, el uso de papel decorativo para envolverlos comenzó en el siglo XX. Antes de eso, los regalos solían envolverse en papel simple o en telas decorativas. En 1917, una tienda en Estados Unidos empezó a vender papel decorativo especial para Navidad, y así nació la tradición de envolver los regalos en papeles coloridos, agregando un toque de sorpresa y emoción a los obsequios navideños.

El Polo Norte y Santa

91

El Polo Norte es uno de los lugares más fríos de la Tierra.

En el Polo Norte, las temperaturas en invierno pueden bajar hasta -40 °C, ¡un frío extremo! Esta es una de las razones por las que Santa necesita un traje muy abrigado para mantenerse calentito mientras trabaja. A pesar de las temperaturas, la leyenda cuenta que Santa y sus elfos están acostumbrados al clima helado, y que su hogar está perfectamente diseñado para soportar las bajas temperaturas.

92

No existe tierra en el Polo Norte, solo hielo flotante.

A diferencia del Polo Sur, que está sobre un continente, el Polo Norte está formado por una capa de hielo flotante sobre el océano Ártico. Esto significa que la "tierra" donde Santa tiene su taller está construida sobre hielo, lo que añade un toque mágico al lugar, ya que cambia constantemente con el movimiento del hielo en el océano.

93

La aurora boreal ilumina el cielo del Polo Norte.

En el Polo Norte, se puede ver uno de los fenómenos naturales más hermosos del mundo: la aurora boreal, una luz brillante y colorida que adorna el cielo nocturno. Según la leyenda, la aurora boreal ayuda a iluminar el camino de Santa y sus renos, haciendo su viaje por el cielo aún más especial. Esta luz natural se dice que también guía a los elfos de Santa durante el invierno.

94

La tradición de Santa en el Polo Norte comenzó en el siglo XIX.

La idea de que Santa vive en el Polo Norte comenzó en el siglo XIX, cuando escritores y artistas imaginaron un lugar remoto y mágico donde Santa podría trabajar sin ser molestado. Los exploradores de la época estaban fascinados con el Polo Norte, un lugar desconocido y misterioso, y empezaron a situar a Santa en este sitio lejano y lleno de encanto.

95

En el Polo Norte, los días y las noches pueden durar meses.

En invierno, el Polo Norte experimenta una noche polar, donde el sol no sale durante meses, creando una oscuridad constante. En verano, ocurre lo contrario: el sol nunca se pone, y hay luz las 24 horas. Esto significa que Santa y sus elfos tienen meses de oscuridad para trabajar sin interrupciones en los preparativos navideños, y después, meses de luz para descansar y disfrutar.

96

En el Polo Norte no hay huso horario.

Debido a su ubicación en la cima del mundo, el Polo Norte no tiene un huso horario fijo. Esto permite que Santa Claus pueda "ajustar el tiempo" según sea necesario para poder entregar todos los regalos en una noche. La magia del Polo Norte le permite a Santa aprovechar el tiempo de manera especial y completar su misión navideña de entregar millones de regalos por todo el mundo.

97

El taller de Santa es supervisado por elfos.

La leyenda cuenta que Santa tiene un taller enorme en el Polo Norte, donde trabajan miles de elfos. Estos pequeños ayudantes mágicos se encargan de construir juguetes, envolver regalos y revisar la lista de niños buenos y traviesos. El taller es como una fábrica mágica que nunca se detiene, y los elfos trabajan con alegría para asegurarse de que todo esté listo para Navidad.

98

Santa recibe cartas de todo el mundo en su oficina del Polo Norte.

Cada año, miles de niños envían sus cartas a Santa al Polo Norte, pidiéndole regalos y expresando sus deseos navideños. En algunos países, incluso existe un código postal especial para enviar cartas a Santa. Voluntarios y trabajadores de correos en diferentes países ayudan a responder las cartas para que la magia de Santa llegue a todos los rincones del mundo.

99

En Rovaniemi, Finlandia, se encuentra la "oficina oficial" de Santa Claus.

Aunque Santa vive en el Polo Norte, en Rovaniemi, una ciudad de Finlandia, se ha creado un parque temático que se considera su "oficina oficial". Allí, los visitantes pueden conocer a Santa, ver a los renos y conocer a los elfos. Este lugar es especialmente popular entre los niños y las familias, quienes viajan desde todas partes para vivir la magia navideña y entregar sus cartas personalmente.

100

La magia del Polo Norte hace posible que Santa viaje en su trineo.

Según la leyenda, el Polo Norte es el lugar donde se originan los poderes mágicos de Santa, permitiéndole volar con su trineo y sus renos. La energía especial del Polo Norte es lo que le da a Santa la velocidad para visitar todos los hogares en una sola noche y entregar los regalos a tiempo. Los cuentos dicen que esta magia solo funciona en Navidad, haciendo del Polo Norte un lugar muy especial.

Películas Navideñas Famosas
101

"Mi Pobre Angelito" fue la película navideña más taquillera de los años 90.

Estrenada en 1990, "Mi Pobre Angelito" ("Home Alone") se convirtió en un clásico de la Navidad casi de inmediato. La historia de Kevin, un niño que se queda solo en casa y protege su hogar de unos ladrones, fue tan popular que se convirtió en la película de comedia más taquillera durante varios años. Cada Navidad, los espectadores vuelven a ver cómo Kevin usa su ingenio para enfrentar a los villanos, ¡haciendo reír a varias generaciones!

102

"El Grinch" tiene sus raíces en un famoso libro infantil.

La historia de "El Grinch" fue escrita por el Dr. Seuss en 1957, y el personaje ha sido adaptado en varias películas navideñas, incluida una animada de 1966 y una versión en 2000 con Jim Carrey. El Grinch, un ser gruñón que planea arruinar la Navidad, termina aprendiendo sobre el verdadero espíritu navideño. Esta historia se ha vuelto tan popular que muchos niños y adultos la ven cada año como parte de sus celebraciones navideñas.

103

"Milagro en la Calle 34" ayudó a que Santa Claus fuera una figura navideña popular en el cine.

Estrenada en 1947, "Milagro en la Calle 34" cuenta la historia de un hombre que asegura ser el verdadero Santa Claus. A través de un juicio, intenta demostrar su identidad y recuperar la fe de una niña en la Navidad. Esta película fue un éxito y ganó varios premios Oscar, ayudando a consolidar la imagen de Santa Claus como una figura mágica y bondadosa en el cine navideño.

104

"El Expreso Polar" fue la primera película en utilizar captura de movimiento en 3D.

Estrenada en 2004, "El Expreso Polar" ("The Polar Express") fue pionera en la técnica de captura de movimiento 3D. Esta animación cuenta la historia de un niño que viaja en tren al Polo Norte para conocer a Santa. La película se ha convertido en un clásico navideño y se proyecta en muchos lugares durante la temporada festiva. La tecnología innovadora y el mensaje sobre creer en la magia de la Navidad encantan a niños y adultos cada año.

105

"Un Cuento de Navidad" es una historia que ha tenido muchas adaptaciones.

"Un Cuento de Navidad" ("A Christmas Carol") de Charles Dickens es una de las historias navideñas más adaptadas en el cine. Desde la versión en blanco y negro de 1938 hasta la animada de 2009 protagonizada por Jim Carrey, cada versión explora la transformación de Ebenezer Scrooge, un hombre avaro que aprende a amar la Navidad. Esta historia sobre el espíritu de generosidad y redención es un pilar de la Navidad en el cine.

106

"Navidad con los Muppets" fue la última película de Jim Henson.

Estrenada en 1992, "Navidad con los Muppets" ("The Muppet Christmas Carol") es una versión única de la historia de Dickens, protagonizada por los divertidos personajes de los Muppets. Fue la última película en la que trabajó Jim Henson, el creador de los Muppets, antes de su fallecimiento, por lo que esta adaptación es especialmente significativa para los fans. La mezcla de humor y lecciones navideñas ha hecho que esta película sea un clásico familiar en Navidad.

107

"Elf: El Duende" se convirtió en un clásico navideño moderno.

Estrenada en 2003, "Elf: El Duende" cuenta la historia de Buddy, un humano criado en el Polo Norte que viaja a Nueva York para conocer a su verdadero padre. Con su espíritu infantil y amor por la Navidad, Buddy ayuda a los demás a encontrar el espíritu navideño. La película, protagonizada por Will Ferrell, se ha convertido en un clásico moderno que se disfruta año tras año por su humor y su mensaje de amor y familia.

108

"Una Navidad con los Griswold" es una comedia navideña inolvidable.

También conocida como "Vacaciones de Navidad" ("National Lampoon's Christmas Vacation"), esta comedia de 1989 sigue las aventuras de la familia Griswold durante las fiestas. Con situaciones caóticas y personajes extravagantes, la película muestra los momentos divertidos (y estresantes) de la Navidad en familia. Su tono cómico y relatable la ha convertido en una película de culto que muchas familias ven cada diciembre.

109

"Los Fantasmas de Scrooge" usó innovadora tecnología de animación.

La película "Los Fantasmas de Scrooge" ("A Christmas Carol") de 2009 fue dirigida por Robert Zemeckis y protagonizada por Jim Carrey, quien interpreta a Scrooge y a todos los fantasmas. Esta versión usó tecnología avanzada de captura de movimiento, similar a la de "El Expreso Polar". La película logró dar una versión moderna a la historia clásica de Dickens, atrayendo a nuevas generaciones y llevando un mensaje de generosidad.

110

"Frosty, el Muñeco de Nieve" comenzó como una canción.

La película animada "Frosty, el Muñeco de Nieve" fue inspirada por la famosa canción navideña del mismo nombre. Estrenada en 1969, la historia sigue las aventuras de un muñeco de nieve que cobra vida gracias a un sombrero mágico. La película es una de las favoritas para los niños y simboliza la magia de la Navidad y el valor de la amistad. La canción y la película han perdurado durante décadas, convirtiéndose en parte de las tradiciones navideñas de muchas familias.